ÉDITIONS SAINT-SÉBASTIEN

-2016-

LE TEMPLE

IV. — LE GRAND ARCHITECTE

CHAPITRE XLIX

I. ═ SATAN : SA RENTRÉE DANS LE MONDE CHRÉTIEN

Au-dessus des maçons et au-dessus des maîtres de l'œuvre, y a-t-il un ordonnateur suprême des démolitions religieuses et sociales et un architecte de l'édifice auquel elles doivent faire place, l'artiste-ingénieur du Temple qui doit s'élever sur les ruines de l'Eglise ?

M. le comte d'Anthémarre a établi dans la *Revue catholique des Institutions et du Droit* que « l'Etre suprême en présence et sous les auspices duquel la Révolution a proclamé les « Droits de l'homme » et voulu établir « le culte de la nature » n'était point, dans la pensée des principaux auteurs de la Déclaration et de la religion nouvelle, le Dieu qu'adore le ciel et la terre, mais Satan (1) désigné sous ce nom

1. « Le génie du mal, dit M. Joseph Lemann, porte différents noms dans l'Ecriture. Le principal est Satan. Satan

d'Etre suprême ou de « Grand architecte » dans le langage plein de mensonge et d'obscurités calculées que les loges se sont fait pour cacher aux profanes leurs pensées et le but que la secte poursuit. C'est à ce dieu que les vrais initiés veulent élever le Temple symbolique où ils espèrent pouvoir réunir tous les humains sous un même sceptre et dans un même culte.

Pour ce culte, ils ont déjà jeté leur dévolu sur nos sanctuaires, comme l'avaient fait les théophilanthropes après l'inauguration qui en fut faite par Robespierre. « Si les vieilles architectures élevées par la foi des siècles restent debout, a dit un des chefs de la secte, le triangle y logera la solennité de ses rituels; les curés de Notre-Dame céderont leurs presbytères aux pasteurs du Grand-Orient. » Et le F∴ Blatin à la seconde séance du convent de 1883. « Dans

---

en hébreu signifie *adversaire*, l'adversaire! Le diable, qui est aussi son nom, signifie *calomniateur, accusateur mensonger*. Il est appelé également le Démon, qui veut dire *mauvais génie, tentateur*.

» Il est le Démon, le Diable, par rapport aux hommes, les tentant, les calomniant, les accusant mensongèrement. Mais il est Satan par rapport à Dieu; l'adversaire contre Dieu! Son rêve est d'être usurpateur. Il a été l'usurpateur dissimulé à l'époque de la déclaration des droits de l'homme. Il est maintenant l'usurpateur avoué par l'apostasie officielle. »

Calomniateur, accusateur mensonger. Oui; et par là le diable se montre bien le père et le docteur de la Franc-Maçonnerie et de ses suggestions.

Mauvais génie tentateur. Oui, encore, et chacun de nous ne le sait que trop.

Adversaire de Dieu, contre Dieu. Non. Satan est une intelligence trop haute pour vouloir se mesurer contre l'Infini. Mais adversaire de Jésus-Christ, l'Homme-Dieu, le principe de l'ordre surnaturel dans lequel l'orgueil de Lucifer et de ses suivants ne leur a point permis d'entrer et qui maintenant soustrait les chrétiens, les disciples et les membres du Christ à leur domination. Ce que nous verrons plus loin.

ces édifices élevés de toutes parts, depuis des siècles
aux superstitions religieuses et aux suprématies sacer-
dotales, nous serons peut-être appelés à notre tour
à prêcher nos doctrines; et au lieu des psalmodies
cléricales, qui résonnent encore, ce seront les mail-
lets, les batteries et les acclamations de notre ordre
qui en feront retentir les larges voûtes et les vastes
piliers » (1).

L'année suivante, le 24 février 1884, le F.:. Masson,
délégué de la loge *Les amis de l'indépendance* reproduisit le vœu du F.·. Blatin, en invoquant son autorité.

Ces paroles sont autre chose qu'une vaine jac-
tance.

Déjà, nous sommes témoins des premiers efforts
de la secte pour arriver à son but. Nos églises ne
nous appartiennent plus. Notre présence n'y est plus
que tolérée. Quand cessera le bon plaisir de la secte,
nous devrons les évacuer.

En attendant le jour où elle jugera bon d'en prendre possession, elle dispose les esprits à accueillir
cette transformation, en faisant disparaître peu à peu
le nom de Dieu et en glorifiant Satan.

La première partie du programme est visible : toutes les lois, et particulièrement la loi scolaire, sont
faites pour la réaliser. La mise en pratique du second
article doit être plus discrète. On y tend. On sait
l'affreux salut adressé à Satan par Proudhon et ce'ui
non moins odieux proféré par Renan. Michelet a pro-
phétisé son triomphe et Quinet voulait « étouffer le

---

1. Dans la discussion du projet de loi sur la séparation
de l'Eglise et de l'Etat, M. Groussau rapporta ces paroles.
M. Limousin, directeur de l'*Acacia*, dans une lettre au *Figaro*,
parut mettre en doute l'exactitude de cette citation. M.
Groussau écrivit aussitôt au *Figaro:* « J'en ai le texte
sous les yeux dans le « Bulletin du Grand-Orient de France », pp. 526, 631, 645. »

christianisme dans la boue », afin que la religion de Satan pût prendre sa place.

Son culte commence à se dessiner. Le nom de temple donné par les francs-maçons à leurs lieux de réunion, l'autel qui s'y trouve, les ornements que portent les dignitaires, les cérémonies qu'ils accomplissent, tout cela indique un culte, un culte qui s'adresse à tout autre qu'à Dieu, à ses anges et ses saints (1).

La religion satanique a ses hymnes, même hors des temples maçonniques : l'infâme chanson qui met sur les lèvres du peuple chrétien le vœu de voir le Christ relégué à l'écurie et la Vierge à la voirie. Elle a ses sacrements. Il y a le baptême maçonnique qui fait les « louveteaux »; il y a l'enterrement maçonnique dit « civil », et il y a le mariage maçonnique (2). « *La chaîne d'union*, journal de la franc-

---

1. En 1893, le palais Borghèse à Rome, fut donné en location au Grand-Orient d'Italie. Deux ans plus tard, en vertu d'une clause inscrite dans le bail, la franc-maçonnerie reçut l'intimation de déloger de la partie du palais qu'elle occupait. Le *Corriere Nazionale* publia alors ce qui suit. Le chargé d'affaires de la famille Borghèse s'étant présenté pour visiter ces appartements et les mettre en état d'être occupés par D. Scipion Borghèse et la duchesse de Ferrari, une salle restait fermée et ne put être ouverte que sur menace d'invoquer la force publique pour enfoncer la porte. Elle se trouvait transformée en « temple satanique ». Le journal en donna cette description : « Les murs étaient tendus de damas rouge et noir; sur le fond il y avait une grande tapisserie sur laquelle se détachait la figure de Lucifer. Tout près était une espèce d'autel ou de bûcher; çà et là des triangles et autres insignes maçonniques. Tout autour étaient rangés de magnifiques sièges dorés ayant chacun au-dessus du dossier une espèce d'œil transparent et éclairé à la lumière électrique. Au milieu de ce temple, il y avait quelque chose ressemblant à un trône. »

2. Au convent de 1890, à la quatrième séance, celle du 11 septembre, vint la question des rites funèbres négligés depuis certain nombre d'années. Il sembla d'abord aux

maçonnerie universelle », dans son n° de janvier-février 1881, nous a initiés aux rites de ce sacrement des familles vouées à Satan.

Cette religion a aussi ses docteurs. La *Tribune pédagogique,* journal fait par des instituteurs pour les instituteurs, leur a parlé de Satan en ces termes :

« Pour l'Eglise catholique, Satan, c'est l'ennemi. A ce titre, *il est sympathique* à beaucoup de gens.

» Satan, c'est non seulement la négation de toute foi religieuse, mais encore la diffusion de toute science. Dans le cerveau des penseurs, il est l'esprit d'examen, de critique et de recherche philosophique, représentant la science et la philosophie liguées contre l'obscurantisme.

» Mais Satan, à titre de protestation contre la doctrine ecclésiastique, représente encore la nature. Il met au cœur du jeune homme *ce qu'il y a de meilleur au monde et de plus doux:* les amoureux désirs. Il allume en nous toutes les généreuses passions : *si nous valons quelque chose, c'est* à lui que nous le devons. »

Ne l'oublions pas, c'est un journal pédagogique

---

membres du Convent que la maçonnerie doit s'efforcer d'atteindre au plus vite son but par l'agitation politique et que l'argent dont elle dispose a un meilleur emploi dans cette direction que dans les manifestations symboliques. Mais ce point de vue ne satisfit pas le petit nombre des hauts initiés. Ils sentirent d'instinct un péril dans l'abandon des rites, et ils s'y opposèrent. « C'est que, comme l'observe M. Georges Bois, si la maçonnerie est en dernière analyse, sous son dernier secret, une manifestation du satanisme, elle ne saurait, sous peine de n'être plus elle-même, se passer d'un culte, ni éviter d'insulter en le contrefaisant le culte rendu à Dieu. Les cérémonies maçonniques du baptême, du mariage, du rite funèbre imitent avec effort les cérémonies du culte catholique, en attendant le jour où la maçonnerie triomphante pourrait prendre possession des églises et des cathédrales des catholiques. »

qui dicte ces leçons aux instituteurs pour qu'ils les répètent aux enfants.

Les maçons italiens, plus hardis que ne le sont, aujourd'hui du moins, les maçons de France, ont fondé à Ancône un journal intitulé *Il Lucifero*, à Livourne, un autre journal l'*Ateo*. « Satan est notre chef », ont dit les rédacteurs de ces journaux dans leur profession de foi. Ils ont même osé, le mardi du carnaval de 1882, amener Satan sur le théâtre à Alfieri, et à Turin, pour lui chanter des hymnes, lui offrir « leur encens et leurs vœux », et annoncer au peuple son arrivée « sur un char de feu » et son règne prochain sur toute la terre.

L'hymne de Giosue Carducci exprime le vœu que désormais l'encens et les hommages des hymnes s'adressent à Satan, « l'insurgé contre Dieu » (1).

____

1. Parmi les choses troublantes de ce temps-ci, en voici une qu'il faut signaler à une particulière attention :

Un abonné de l'*Avvenire d'Italia* ayant émis la proposition de faire, le premier jour de l'an 1905, un *pieux pèlerinage* à la maison de ce poète de Satan, vice-grand-maître de la franc-maçonnerie italienne, la feuille démocrate chrétienne de Bologne s'est empressée de manifester sa pleine approbation.

« L'illustre poète, a-t-elle dit, n'ignore pas que notre admiration pour lui est d'autant plus sincère que nous l'avons combattu quand nous l'avons cru de notre devoir. Notre hommage, en ce moment, et notre initiative, n'en feront que mieux voir le légitime orgueil que nous mettons à porter en toute matière cette sérénité et cette objectivité qui ennoblissent la mission du journalisme. »

Giosue Carducci jouit depuis longtemps de la faveur des démocrates chrétiens : ses *Œuvres* figuraient au nombre des livres en vente à Rome dans les bureaux de la *Société de culture* de l'abbé Romolo Murri, alors qu'il était encore considéré par les démocrates chrétiens comme leur chef.

Voici plus étonnant encore. Les Italiens ont fêté, en 1909, le centenaire de la naissance de Carducci. A cette occasion, l'Université de France l'a glorifié en Sorbonne. Mais ce qui passe tout, c'est que l'un des plus qualifiés parmi nos journaux catholiques a consacré son Premier-Paris du 22 juin 1909 à l'éloge du chantre de Satan. « Ce poète n'est

Le 22 juin, à l'inauguration du monument de Mazzini à Gênes, fut portée dans le cortège une bannière noire, dont la hampe était surmontée d'une statue de Lucifer. Après cette démonstration, le cercle anticlérical de Gênes adressa à l'*Unita cattolica* de Turin, une lettre annonçant que l'on se proposait de poser, quand le moment serait venu, la bannière de Satan sur toutes les églises d'Italie, notamment sur le Vatican.

De nouveau, le 20 septembre 1883, dans deux faubourgs de cette même ville de Gênes, à Caprona et à San Fruttuoso, des bannières noires, sur lesquelles avait été brodée l'image de Satan triomphateur, furent portées en grande pompe. Le journal l'*Epoca* dit le lendemain : « Croassez tant que vous voudrez, ô noirs corbeaux agonisants ! désormais vos malédictions, vos sermons, vos légendes ne sont plus qu'un écho de cavernes désertes. *Satan ne tardera pas à triompher sur toute la ligne.* »

Dans le consistoire du 30 juin 1889, Léon XIII s'est vu obligé de protester contre l'exhibition publique du drapeau de Satan dans la ville sainte (1). C'était

---

pas seulement le plus grand nom de la littérature italienne récente, il s'apparie aux plus illustres du passé ». On a ici un exemple bien remarquable des « influences soigneusement couvertes » qui parviennent à glisser ce qu'ils veulent dans les milieux les plus catholiques.

1. Quand Léon XIII eut parlé, la « Rivista della Massoneira Italiana », tome XVI, pp. 356-357), dit : « Vexilla » regis prodeunt Inferni », a dit le Pape. Eh bien ! oui, » oui, les drapeaux du Roi des Enfers s'avancent... » La même « Rivista della Massonneira Italiana », avait dit précédemment : X, p. 265, col. 1, lignes 37 et suiv., col. 2, lignes 1 à 25 :
... « Le génie de l'Avenir, notre Dieu à nous, porte » en nous le germe de la nouvelle *Loi du Bien*... Son âme » nie que le bien-être social se trouve à fuir l'animalité » humaine *(sic)* car le bien-être social est réellement la » conséquence de l'animalité humaine *(sic).* L'édifice so-

à l'inauguration de la statue de Giordano Bruno, moine apostat et perdu de mœurs.

C'est partout que le culte de Satan cherche à s'introduire.

En octobre 1905, un riche Allemand des États-Unis, M. Herman Menz a élevé une statue à Satan sur un monticule qui se dresse au milieu de sa propriété de campagne, à peu de distance de New-York. La statue est haute de cinq mètres, sans compter le piédestal. Elle représente Lucifer « accroupi comme un faune sur un rocher et prêt à bondir sur le monde; son front est orné des deux cornes traditionnelles et l'une des mains se cramponne au manche d'une fourche. » M. Herman Menz distribue gratuitement des brochures où il proclame sa foi en un diable unique.

En janvier 1906, un club de New-York le Thirteen inscrivit solennellement le diable au nombre de ses membres à vie.

Chez nous aussi, Satan est glorifié publiquement.

L'ex-abbé Charbonnel, adonné au spiritisme, alors qu'il portait encore la soutane, est venu à Lille faire une conférence, présidée par le F.· Debierre, et là, dans la chapelle des Rédemptoristes, il a proféré les pires blasphèmes contre Dieu et glorifié Satan.

Un Canadien, M. J. Chicoyne, a raconté dans la *Vérité* de Québec, lors de la mort de Louise Michel, ce qu'il avait vu et entendu chez nous en 1880.

» cial qui s'écroule a besoin d'une pierre angulaire (trian-
» gulaire). C'est lui *Notre Dieu* qui la posera. Et cette
» pierre angulaire sera sur la terre et non pas dans les
» Cieux.

» Saluez le génie rénovateur, vous tous qui souffrez, le-
» vez haut les fronts, mes FF.·. car il arrive, lui, Satan-
» le-Grand. »

La vierge rouge revenait de l'exil. Une grande démonstration en son honneur fut organisée le 18 septembre. M. J. Chicoyne s'y rendit, en compagnie de deux journalistes parisiens et un Luxembourgeois. La salle, présidée par M. Rochefort, pouvait contenir cinq mille assistants. Le mot de Blanqui : « Ni Dieu ni maître » y servit de thème aux tirades les plus hideuses.

« L'un des plus éclatants succès oratoires de la réunion fut remporté par un espèce d'énergumène qui se fit l'apologiste de Lucifer.

« Si la légende des anges rebelles pouvait être » acceptée, dit-il, leur chef devrait être un objet de » vénération. Il fut le premier être qui sut résister » à l'autorité. Il peut être le patron de tous ceux » qui luttent pour la liberté et l'émancipation. »

« Vive Satan! » cria quelqu'un dans la foule.

« Vive Satan! » répétèrent cinq mille voix avec une chaleur et un entrain tenant du délire.

» C'était un spectacle peu banal que de voir une pareille multitude prise d'un tel vertige pour acclamer l'ange déchu. »

Avant que la populace n'ait poussé ces cris, le monde, le monde des académies avait entendu son journal, le *Journal des Débats* (n° du 25 avril 1855) réclamer la réhabilitation du démon.

« De tous les êtres autrefois maudits, que la tolérance de notre siècle a relevés de leur anathème, Satan est, sans contredit, celui qui a le plus gagné au progrès des lumières et de l'universelle civilisation. Le moyen-âge qui n'entendait rien à la tolérance, le fit à plaisir méchant, laid, torturé... Un siècle aussi fécond que le nôtre en réhabilitations de toutes sortes ne pouvait manquer de raisons pour excuser un révolutionnaire malheureux que le be-

soin d'action jeta dans les entreprises hasardeuses...
Si nous sommes devenus indulgents pour Satan, c'est
que Satan a dépouillé une partie de sa méchanceté
et n'est plus ce génie funeste, objet de tant de haines
et de terreur. Le mal est évidemment de nos jours
moins fort qu'il n'était autrefois. Permis au moyen-
âge, qui vivait continuellement en présence du mal
fort, armé, crénelé, de lui porter cette haine im-
placable... Nous qui respectons l'étincelle divine par
tout où elle reluit, nous hésitons à prononcer des
arrêts exclusifs, de peur d'envelopper dans notre con-
damnation quelqu'atome de beauté. »

Ce que nous dirons plus loin sur la religion de
Satan, celle où la civilisation moderne voudrait ramener les chrétiens, c'est-à-dire, le culte de la nature, fera comprendre les raisons de ce plaidoyer du
journal des mondains et des intellectuels en faveur
de Lucifer. »

Cette inclination pour Satan vient des juifs.

Dès avant Notre-Seigneur Jésus-Christ, mais surtout depuis la dispersion, certains juifs ont pratiqué
les doctrines et les rites de la Kabbale noire ou
magique, qui n'est autre chose que la quintessence
de l'idolâtrie, la religion et le culte direct des esprits déchus, des démons, enseignant les moyens de
se mettre en rapports immédiats avec eux. « Il est
certain, dit le F.·. Eliphaz Lévy, que les juifs, dépo-
sitaires les plus fidèles des secrets de la Kabbale,
ont été presque toujours, en magie, les plus grands
maîtres du moyen âge ». Ce n'est point sans raison
que deux fois, dans l'Apocalypse, le pharisien et sa
descendance ont été nommés par le divin Sauveur « la
synagogue de Satan », c'est-à-dire l'Eglise du diable.

C'est donc des juifs que les Francs-Maçons ont

reçu le culte qui dans leur pensée doit un jour remplacer le culte du Christ. « Leurs chefs réels, dit M. Gougenot des Mousseaux, vivent dans une étroite et intime alliance avec les membres militants du judaïsme, princes et initiateurs de la Haute-Kabbale ». « Ce sont les juifs, dit aussi le professeur de magie Eliphaz Lévy, qui après en avoir reçu le dépôt des Chaldéens sabéistes, issus de Cham, et qui, d'après une opinion fort accréditée dans la science (magique) étaient les héritiers de la doctrine des fils de Caïn, nous enseignèrent cette science ». « La Kabbale juive, dit de son côté Mgr Meurin, dans son livre *La Franc-Maçonnerie, synagogue de Satan* (1) — et tout son ouvrage est pour prouver cette assertion — la Kabbale juive est la base philosophique et la clef de la Franc-Maçonnerie. » Le prêtre apostat, Eliphaz Lévy, que nous venons de citer, ajoute aux paroles reproduites que « les rites religieux de tous les illuminés, Jacob Bœhme, Swedenborg, Saint-Martin, sont empruntés à la Kabbale, et que toutes les associations maçonniques lui doivent leurs secrets et leurs symboles. »

L'*Osservatore Romano* ne pense pas autrement. Le 1er octobre 1893, il publia un article sur la Franc-Maçonnerie où il dit : « La Franc-Maçonnerie est satanique en tout : dans son origine, dans son organisation, dans son action, dans son but, dans ses moyens, dans son code et son gouvernement, parce qu'elle est devenue une seule et même chose avec le judaïsme. Et même elle est la plus grande force et la principale armée du judaïsme, cherchant à ban-

---

1. Introduction, p. 7. Voir aussi les trente dernières pages du livre de M. Gougenot des Mousseaux : *Le Juif, le Judaïsme et la Judaïsation des peuples chrétiens.*

nir de la terre le règne de Jésus-Christ pour lui substituer le règne de Satan » (1).

En 1888, M. Bossane, ancien receveur des postes
à Saint-Félicien, dans l'Ardèche, donna sa démission
de membre de la *Loge des amis des hommes* à Annonay. Avec un rare courage, il tint à ce que sa
démission fût publique; et pour la faire connaître,
il écrivit une lettre au *Courrier de Tournon*, où il
dit : « Fatigué d'avoir assisté à des réunions tenues
à Annonay, Lyon, Valence, Vienne, Genève et Lau-
sanne, sans avoir rien appris, et ne voulant pas entrer dans les grades suprêmes pour n'avoir pas de
serments à garder, j'ai pu me mettre en relations
avec de hauts dignitaires de nationalités différentes.
*Ce que j'ai appris et ce que l'on m'a laissé deviner
est épouvantable...* LE CULTE MAÇONNIQUE EST LE
CULTE DE SATAN » (2).

Dans certaines arrière-loges, Satan reçoit un culte
calqué sur le culte que les catholiques rendent à
Dieu (3). Ragon, l'un des écrivains maçonniques qui

------

1. Jusqu'aux temps marqués, les Juifs sont et seront
la nation et l'instrument de prédilection de Satan. Depuis leur déicide, ils sont sa propriété, à peu près au
même titre que l'humanité depuis le péché d'Adam jusqu'à
la Rédemption. Le crime des Juifs a été comme un second
péché originel sur cette race. *Sanguis ejus super nos et
super filios nostros!*

2. Il ajoute : « De plus, la Franc-Maçonnerie poursuit
l'anéantissement de la France. »
Ceux qui désirent s'instruire sur le culte que la Maçonnerie rend au démon, peuvent lire les cent dernières pages
du second volume de *La Cité antichrétienne au XIXᵉ siècle,*
par Dom Benoît. V. Palmé.

3. Il est une section des chevaliers Kadosch qui rend
un culte à Eblis. Eblis est en Orient le nom du démon.
Ce nom est particulièrement attribué au serpent qui sédui-
sit Eve. Leur œuvre est de faire disparaître *l'hérésie* du
Nazaréen et de faire régner Eblis sur tout le genre humain.
Ils se révèlent par là Juifs Kabbalistes, ou disciples des

ont déployé le plus d'intelligence et de zèle, a publié, en 1844, à Paris, sous le pseudonyme Jean-Marie de V., un livre intitulé : *La Messe et ses mystères comparés aux mystères anciens, ou Complément de la science initiatique*. Par un renversement du vrai, toutes les parties de la messe y sont présentées comme des adaptations chrétiennes des cérémonies antiques reprises dans les arrière-loges ; toutes les fêtes chrétiennes sont rapprochées des fêtes du paganisme ; les litanies du Saint Nom de Jésus, les litanies de la T. S. Vierge sont comparées aux invocations qui accompagnaient les processions païennes. M. l'abbé Ribet, dans sa *Mystique divine*, dit aussi : « Il n'y a guère, entre le sabbat des francs-maçons et celui des sorciers, que des différences accidentelles, le fond est le même, savoir : le culte de Satan, la profanation des choses saintes, les débordements de l'impudicité. »

M. Serge Basset, rédacteur au *Figaro*, avait exprimé des doutes sur la pratique diabolique des *messes noires* dans les arrière-loges. Il reçut le lendemain une lettre signée Bl. Ocagn, l'invitant à se trouver le jeudi suivant, à neuf heures du soir, sur la place Saint-Sulpice, un numéro du *Matin* à la main. Il s'y rendit, une femme vint le prendre et le conduisit en voiture de l'autre côté de la Seine. Où ? Il ne put

---

Juifs Kabbalistes. Le signe des chevaliers Kadosch consiste à montrer du doigt le ciel et à l'abaisser vers la terre pour montrer que ce qui est en haut doit être précipité en bas. Le vulgaire de l'Ordre comprend par là que l'ordre social, fondé sur l'autorité et sur Dieu sera jeté à terre pour être remplacé par celui de la pure matière. Les Kabbalistes veulent dire que le Nazaréen sera plongé dans les enfers et qu'Eblis régnera dans les cieux. En attendant ils exercent leur haine sur des hosties qui leur sont livrées pour les trente deniers et apportées des messes matinales entre les feuillets d'un livre ou dans un mouchoir.

le dire. Le 27 mai 1899, il donna dans le *Matin*
le compte-rendu de la scène à laquelle il avait assisté.
Sur un autel se trouvait un bouc vivant devant lequel
l'assemblée, hommes et femmes, chantait « *Gloria
in profundis Satani!...* » Un officiant se revêtit d'un
costume sacerdotal et commença une parodie de la
messe. Il s'interrompit comme fait le prêtre, pour
prononcer un discours, et il dit : « Nous sommes
ici pour refaire la royauté de Satan, le Grand, le
Beau, le Suave. A force d'outrager le Christ, nous
abolirons sa gloire et nous replacerons le proscrit
dans sa suréminente dignité. Un jour, le Prince de
ce monde, Satan, notre maître, triomphera du Christ
et sera adoré comme vrai Dieu. » Après le discours
vint le sacrifice, où l'obscène le disputa à l'horrible,
et une immonde priapée suivit le sacrilège et se
consomma dans le sang (1).

---

1. Mgr Méric reçut, à l'occasion de ce récit, une lettre
lui demandant ce qu'il fallait en croire. En réponse, il le
reproduisit dans sa *Revue du Monde invisible*, et il ajouta :
« Notre excellent ami M. Lidos nous a affirmé souvent
la réalité de ces messes noires; il nous a indiqué sur la
paroisse de Saint-Sulpice et ailleurs, les lieux où l'on
pouvait s'assurer de ces parodies sacrilèges et de ces
pratiques infâmes qui expliquent le vol trop souvent constaté des hosties. Elles prouvent aussi la réalité substantielle
de Satan contestée par des esprits légers et orgueilleux.
Cependant, nous ne reproduisons qu'à titre de document et
sans nous prononcer sur la question de fond, l'article du
journal de Charleroi (qui avait reproduit le *Matin*)... Nous
croyons à l'adoration de Satan dans la messe noire, devant
la croix renversée, nous croyons aux profanations des Saintes Espèces et aux scènes abominables d'immoralité satanique dont il est parlé dans ce récit. » *Revue du Monde
invisible.* Juillet 1899.
Mgr Méric ne donna dans ce numéro que la première
partie du compte-rendu du *Matin*. Il lui répugna de donner
la suite au numéro suivant. Il reçut de France, de Belgique,
des Antilles danoises, des lettres lui en demandant la con-
tinuation. Un habitant de Tours lui écrivit : « Je crois à
ces messes avec Görres, Ribet et tous les mystiques et théolo-

Satan veut toujours obtenir de la part des hommes l'adoration qu'il a briguée dès le commencement : « Je monterai au ciel, j'établirai mon trône au-dessus des astres de Dieu ; je m'assiérai sur la montagne de l'Alliance aux côtés de l'Aquilon, je me placerai au-dessus des nuées les plus élevées, et je serai semblable au Très-Haut (1). »

Il a obtenu du paganisme ce qu'il désirait. Mais Jésus-Christ est venu et a mis dehors le prince de ce monde.

Depuis, il n'a cessé de faire effort pour y rentrer. A cette fin, il s'est principalement servi des juifs. Car, comme le dit fort bien le P. Bonniot, le démon n'entre dans le monde matériel que sous le bon plaisir du tenancier ou du Seigneur ; le Seigneur : Dieu ; le tenancier : l'homme à qui Dieu l'a donné, *terram dedit filiis hominum*. Adam, par son péché, lui en a ouvert la porte. Jésus-Christ l'en a chassé, *egredietur foras*. Mais il reste toujours loisible à l'homme de l'y rappeler, soit simplement, dans son âme par le péché, soit pour des rapports extérieurs par l'emploi de certaines observances.

Ce n'est point Dieu qui alors déchaîne Satan, mais notre impiété et notre infidélité. Les démons n'ont jamais eu et n'auront jamais d'entrée dans notre monde — nous le démontrerons plus loin — qu'autant que l'homme a voulu ou voudra leur en donner.

Aussi bien qu'autour des fidèles, ils rôdent comme des lions rugissants autour des peuples qu'ils n'ont

giens. Il n'est pas inutile d'en parler, ne serait-ce que pour provoquer des amendes honorables et des réparations. » Un autre correspondant de Paris : « Nous avons fait une enquête : les informations de l'informateur du *Matin* sont puisées à bonne source. Les faits racontés dans cet article sont réels. » *Revue du Monde invisible*. Février 1900.

1. Is. XIV.

pu retenir sous leur joug pour reconquérir sur eux leur ancien empire.

Leur désir est de rendre l'état du genre humain pire qu'avant la venue du Jésus-Christ (Luc., XI, 26). A l'heure actuelle, ils sont par notre faute plus nombreux et plus puissants qu'ils ne le furent jamais depuis le sacrifice du Calvaire. C'est pourquoi Léon XIII et Pie X nous font prononcer chaque jour au pied de l'autel l'exorcisme qui a pour but de repousser en enfer Satan et les esprits mauvais que Voltaire a évoqués par son cri satanique tant de fois répété dans les loges (1).

Il est un autre exorcisme, plus explicite, *in satanam et angelos apostaticos*, qui fut édité par Léon XIII, il y a dix ans, et confié par lui à la piété du clergé. Peut-être sont-ils trop peu nombreux ceux qui le formulent ou ne le récitent-ils que trop rarement.

------

1. Ce n'est pas la première fois qu'il se fait une invasion de satanisme dans la chrétienté.

Au XVe siècle, la Réforme, première manifestation de la conjuration antichrétienne, fut précédée d'un extraordinaire développement de la magie. Le protestantisme, en s'épanouissant, la favorisa partout et il amena le débordement de sorcellerie qui pendant le XVIIe siècle pesa comme un cauchemar sur l'Allemagne, l'Angleterre et l'Ecosse, tandis que les pays de race latine étaient à peu près indemnes.

A son tour, la Révolution a été précédée d'une fièvre de satanisme. Partout se montrèrent les magnétiseurs, les nécromanciens, comme on disait alors. Les nobles corrompus s'étaient fait initier aux rites par lesquels on invoquait Satan, et dans les villages comme dans les villes, on se livrait à toutes les pratiques des sciences occultes.

Mais, jamais, depuis le paganisme, Satan ne se vit, comme il l'est aujourd'hui, invité à rentrer dans le domaine d'où la Croix du Divin Rédempteur l'avait chassé.

CHAPITRE L

SATAN. SES CONSTRUCTIONS ACTUELLES

I. — LA GNOSE.

Satan chassé de notre monde par la croix du divin Rédempteur y est appelé par nos contemporains et il y entre. Il y rentre non seulement pour y tenter les hommes individuellement, mais pour rétablir son empire sur la race humaine, pour reconstituer son royaume.

Nous avons vu dans les chapitres précédents une multitude d'associations, dont plusieurs couvrent toutes les parties du globe, occupées, sous son inspiration, à détruire la religion chrétienne, en s'attaquant à son ossature, c'est-à-dire, en cherchant à faire disparaître toute vérité dogmatique, tout ce qui constitue la religion révélée, l'ordre surnaturel.

Il est d'autres associations, tout récemment instituées qui, commencent, elles, à relever le culte et la religion de Satan.

De même qu'aux temps du paganisme, il y avait un culte secret et une doctrine ésotérique qui n'appartenait qu'aux initiés, livrant au vulgaire ce qu'il pouvait porter et donnant satisfaction à ses instincts religieux dans le naturalisme; nous voyons renaître

aujourd'hui des pratiques et des dogmes qui constituent et constitueront pour les initiés une religion
proprement luciférienne, tandis que le public est et
sera amené peu à peu à une religion simplement
naturelle.

Nous parlerons plus loin de cette religion naturelle,
nous avons à nous occuper ici, en deux chapitres, de
la religion satanique : la Gnose et le Spiritisme.

Comme le dit M. Georges Bois (1), avocat à la
Cour d'appel de Paris, « la franc-maçonnerie n'est
que la plus commune et la plus vulgaire des initia-
tions pratiquées autour de nous. Il en est diverses
autres plus discrètes, plus profondes, d'un recrutement
plus choisi. Si on parcourt Paris ou quelques grandes villes, en ouvrant des yeux avertis, on ne peut
ne pas voir çà et là, trop fréquemment, les traces
presque cultuelles, si on peut le dire, d'un démonisme
qui n'est déjà plus secret (2). »

M. Huyssmans dans la préface qu'il mit au livre
de M. Jules Bois, *Le satanisme et la magie*, dit aussi:
« Des gens que l'on rencontre dans la rue, qui sont
semblables à tout le monde, en somme, se livrent
en secret aux opérations de la magie noire, se lient,
ou au moins essaient de se lier avec les esprits
des ténèbres, pour, en un mot, faire le mal. »

Après avoir parlé des vols d'Hosties, dont il re-
cueillait au fur et à mesure qu'ils y paraissaient, les
récits dans les Semaines religieuses, M. Huyssmans
demande : « Sont-ce des gens isolés ou des associations démoniaques qui commandent ces forfaits ou
en profitent? Avons-nous affaire à des sataniques ou

---

1. Ne pas confondre M. Georges Bois, ancien rédacteur
de *La Vérité*, qui vient de mourir comme il a vécu, c'est-à-
dire très chrétiennement, avec M. Jules Bois dont il sera
ici fréquemment question.

2. *Revue du Monde invisible*, janvier 1904.

à des lucifériens ? » (1) Il opine pour la secte des lucifériens ou des Palladistes; « qui englobe, dit-il, le vieux et le nouveau monde, qui possède un antipape avec sa curie et qui poursuit ce but d'abattre le catholicisme partout et de préparer le règne de l'antéchrist. »

Il est à noter que les principaux dans les différentes sectes dont nous parlerons ci dessous sont généralement francs-maçons et d'autant plus élevés en grade dans la maçonnerie qu'ils sont initiés davantage aux mystères de leur secte respective. Depuis que la maçonnerie du Grand Orient de France se voit découverte, que l'on connaît son organisation et ses agissements, depuis surtout qu'elle est ouvertement engagée dans la lutte politique et sociale, il s'est formé derrière elle, et pour ainsi dire en seconde ligne, une franc-maçonnerie plus mystérieuse qui remet en honneur tous les anciens rites des Templiers, des Albigeois, des Cathares, des Gnostiques, etc. Ces rites ne sont pas vides de sens et le culte qu'ils constituent n'est pas sans objet. C'est la religion du diable. Elle constitue pour la société actuelle le plus terrible danger.

Cette secte se divise en plusieurs branches, Kabbalistes, Théosophes, Martinistes, Occultistes, Lucifériens proprement dits. Celle qui a le plus d'étendue et embrasse le plus grand nombre d'individus, est celle des spirites. M. Jules Bois affirme que les adhérents de ces diverses sociétés sont plus nombreux que

---

1. Le satanisme est le culte du démon. Le Luciférisme est la dernière poussée de la Gnose et de l'Albigéisme. Pour lui, le Dieu de l'Ancien et du Nouveau Testament est le dieu mauvais, hostile au progrès, irrité contre le progrès scientifique. Lucifer est le dieu bon, le pivot de l'évolution universelle, l'aiguillon des élans passionnels. Les révolutionnaires sont ses saints.

les juifs et les protestants réunis. « Dans chaque ville, dit-il, de Belgique, de France, d'Italie, de Hollande, d'Angleterre, (je parle des pays qu'en Europe j'ai particulièrement visités) il existe des groupes spirites. En dehors et à côté se forme une petite élite qui est occultiste, martiniste ou théosophe. »

L'occultisme échappe aux définitions précises. On peut dire que c'est une philosophie tenue secrète, généralement exprimée par des symboles. La magie est la fille de l'occultisme. Mages et occultistes usent de procédés qu'ils prétendent scientifiques pour se mettre en rapports avec les « puissances occultes ». Les jeunes gens sont attirés dans ces associations par la curiosité d'expériences qui, pensent-ils, vont leur faire découvrir les « forces ignorées de la nature ». On leur dit qu'il existe un « entraînement » qui permet chez les hommes arrivés à un certain degré d'évolution de développer l'échelle actuelle de réception des sens et pour eux d'agrandir indéfiniment le monde. Quand les pouvoirs intérieurs de l'homme seront ainsi développés, la nature révélera ses énergies cachées : les humains ne seront plus des « mortels », ils auront placé le pied sur le chemin de la divinité.

Téosophie, occultisme, martinisme, etc., sont des formes diverses de l'antique gnose des deux ou trois premiers siècles du christianisme, fondée par les juifs pour étouffer la doctrine chrétienne dans son berceau. Elle fut réorganisée en France en 1890 par Jules Doinel, revenu après ses égarements au catholicisme avec des marques non équivoques d'une vraie conversion.

Le Gnosticisme a aujourd'hui une organisation hiérarchique, comme nous le verrons. Il a aussi une doctrine renouvelée de l'ancienne Gnose. Il publie deux revues. La *Gnose, revue* mensuelle des sciences ésotériques. C'est l'organe d'un groupe gnostique dirigé par le Dr Fabre des Essarts qui se dit successeur de feu Doinel et se fait appeler Synesius, archevêque de Paris et évêque de Montségur. Le *Réveil gnostique*, autre revue paraissant tous les deux mois, est l'organe du Dr J.-B. Bricaud se disant : S. B. Jean II, souverain Patriarche. Le siège de cet organe est à Lyon. La plupart des initiateurs de ce mouvement gnostique sont lyonnais.

Les gnostiques ont fondé plusieurs librairies pour répandre leurs publications et toutes celles qui s'y rattachent, c'est-à-dire, la réédition ou traduction des œuvres des anciens hérétiques.

Pour être admis dans la Gnose, il faut confesser les deux dogmes fondamentaux de la Gnose restaurée : la foi à l'émanation et le salut par la science (Gnose). Le dogme de l'émanation est opposé à celui d'un Dieu créateur. Le salut par la science est opposé au salut par la foi.

On entre dans l'Eglise gnostique par l'imposition des mains de l'évêque gnostique. Ceux qui l'ont reçue sont appelés les Pneumatiques. Il y a un second degré, celui du diaconat; et un troisième, l'épiscopat. L'évêque est élu par l'assemblée des fidèles et des diacres. Son élection est soumise à l'approbation du Très-haut synode composé de tous les évêques et de toutes les Sophies (les femmes élevées en grade dans la Gnose); et il a pour président à vie, le patriarche gnostique, chef temporel de l'Eglise gnostique dont Sophie céleste, lisez Lucifer, est le chef spirituel et invisible. L'évêque élu reçoit ses pouvoirs de juridiction par un sacre. Chaque évêque gouverne son diocèse composé de plusieurs groupes auxquels sont préposés un diacre et une diaconesse.

Le Patriarche correspond avec les Puissances maçonniques qui le reconnaissent. Ils ont un culte qu'il est inutile de décrire. Qu'il suffise de dire que le rituel gnostique est imprégné de liturgie catholique. Les formules catholiques masquent l'œuvre luciférienne. Lucifer s'y entend attribuer les textes sacrés et la prière qu'on ne doit dire qu'à Dieu. Les cérémonies catholiques sont adaptées au dogme Valentinien (1). Les ornements épiscopaux dont se servent les prélats gnostiques offrent plus d'un point de ressemblance, avec ceux des prélats légitimes.

La théosophie se dit l'essence même des religions passées, présentes et futures. Son bureau central est à Londres. Elle s'est répandue peu à peu sur le globe, aux Indes, en Australie, en Nouvelle-Zélande, aux Etats-Unis, aux Antilles, en Suède, en Allemagne, en Italie, en Hollande, en Angleterre et en France (2).

La section française a son siège, 59, rue de La Bourdonnais; elle comprend 25 branches et un certain nombre de centres en activité; elle publie le *Bulletin de la Section française de la Société théosophique* (3).

En mai 1907, M. Chacornac a organisé un congrès occultiste dans l'amphithéâtre du Grand-Hôtel des sociétés savantes, à Paris. Ce congrès a émis le vœu : 1° que les pouvoirs publics favorisent officiellement l'application de la Psychothérapie à la régénération

---

1. Valentin, hérésiarque du IIe siècle, est l'un des auteurs de la Gnose et du dogme de l'émanation.

2. Jules Bois. *Le monde invisible*. Mme Blavatski est considérée comme la fondatrice de la secte des Théosophes, dirigée actuellement par une Américaine, Mme Besant.

3. Voir l'*Année occultiste*, p. 283.

morale de l'enfance et des détenus de toute catégorie (1);

2° Que des conférences publiques soient données dans les villes par les occultistes suivies de souscriptions pour la fondation de bibliothèques occultistes;

3° Qu'une agence de renseignements pour l'occultisme soit fondée pour concentrer les expériences et signaler les méfaits commis par le fanatisme religieux.

Il a décidé qu'il appartient à toutes les fraternités et individualités occultistes de répandre autour d'elles dans la masse, les lois « de l'univers et de la connaissance suprême, afin que ces lois deviennent la base de l'évolution de la société humaine pour guider les foules vers un idéal social de Progrès et de Fraternité ».

Il a résolu d'augmenter les moyens de propagande des études des sciences occultes, et cela par tous les moyens possibles.

Trois ans avant la réorganisation de la Gnose, le

1. Le 15 octobre 1903, la Fédération lyonnaise et régionale des spirites tint la première de ses conférences à Lyon, à la salle des Folies-Bergère. Huit cents personnes s'y trouvaient. Un ordre du jour fut voté à l'unanimité moins six voix, engageant M. Combes à poursuivre jusqu'au bout l'œuvre de la laïcisation, et formant le vœu que le spiritisme occupe enfin dans le monde la place qui lui revient.

L'un des chefs les plus actifs et les plus écoutés de la religion spirite s'est aussitôt efforcé de donner à ce vœu une première réalisation, en adressant à M. Combes un mémoire concluant à l'introduction du spiritisme dans l'enseignement public, et en particulier, à ce que cette étude soit rendue obligatoire dans tous les lycées. Dans ce mémoire, il dit que ni l'Eglise, ni l'Université, ne répondent aux besoins des âmes pour résoudre le problème de la destinée humaine et pour fournir une orientation aux esprits.

Martinisme avait été restauré par le Dr Papus, de son
vrai nom Encausse, un des lucifériens les plus dan-
gereux du siècle. Le Martinisme avait été fondé en
1754 par un Juif portugais Martinez de Pasquelly;
son premier disciple avait été Louis Claude de Saint-
Martin, ce qui fait que la secte a une double raison
pour s'appeler le « Martinisme ».

Le Martinisme dérive directement de la Kabbale
juive. Il eut une grande part dans les horreurs de
la Révolution. A l'heure actuelle, le Martinisme englobe la plupart des groupes occultistes et sans lui
la gnose n'aurait jamais pu arriver de la théorie à la
réalisation. Le Dr Papus en est le Grand-Maître à
vie, et il préside un suprême conseil dont les membres sont élus à perpétuité. Il réunit autour de lui
des jeunes gens instruits dont plusieurs sont devenus des maîtres en science magique. Puis il réalisa
cette entreprise colossale de fonder des groupes ésotériques qui aujourd'hui sont répandus par tout l'univers civilisé et sont une pépinière de hauts lucifériens. Papus dirige une revue intitulée *Hiram*, et il a
fondé un Institut de Hautes-Etudes hermétiques. Les
cours durent trois ans et donnent droit à des diplô-
mes. Il n'a jamais moins de cent cinquante élèves.

Le martinisme compte aussi trois degrés. Ce qui
fait la puissance de l'ordre, c'est que l'initiateur peut
n'être connu que de deux personnes : celui qui l'a
initié lui-même et celui qu'il initie. Ainsi s'établit
la chaîne du silence si nécessaire aux associations
occultes. Dans le sein même de l'ordre bien des F.·.
n'arrivent à connaître qu'un petit nombre d'entre eux.
L'initiateur a pour devoir de ne pas perdre de vue
celui ou ceux qu'il a initiés.

A part ces trois degrés, l'ordre en comprend un
autre qui constitue une sorte de tiers-ordre marti-

niste. Les initiés à ce tiers-ordre pullulent dans le monde parisien. Il crée des entrées au martinisme dans les salons, les revues, les journaux et prépare sa dictature sur le monde universitaire.

Ce tiers-ordre est appelé des « Rosicruciens ». Or il existe une société qui s'intitule *Frères rosicruciens de la Rosace*. Elle a pour organe une revue mensuelle fondée le 25 octobre 1906, *Les entretiens idéalistes* qui s'affirme nettement catholique et même prétend combattre le modernisme (voir la déclaration placée en tête du n° du 25 janvier 1910); et cependant il suffit de lire ses principaux articles, notamment ceux de son directeur, M. Paul Vuillaud, pour constater qu'elle enseigne toutes les erreurs des néognostiques et des théosophes (1). D'ailleurs, la revue ne dissimule pas sa sympathie pour les sciences occultes; elle annonce l'envoi gratis à ses lecteurs d'importants catalogues de livres sur les sciences occultes.

Nombre de catholiques sont séduits surtout par cette affirmation que nous avons déjà trouvée sur les lèvres de Weishaupt : *Toutes les religions, sans en excepter la religion catholique ont un enseignement ésotérique.* Et c'est cette doctrine secrète de Jésus-Christ, aujourd'hui inconnue de l'Eglise officielle qu'il

---

1. Les preuves surabondent. Dès la troisième livraison, M. Vuillaud annonce la première traduction française du Zohar, livre ésotérique des Hébreux. Dans cet article, il ne craint pas d'avancer que « les systèmes religieux et philosophiques se retrouvent tous, pour ce qu'ils ont de vrai, dans la théosophie cabalistique ». Il ajoute : « Les notions fournies par la Sagesse Cabalistique sont identiques à celles que la théologie chrétienne nous enseigne » page 106. Cette assertion est répétée plus loin sous une autre forme (p. 109) et l'auteur ajoute que « la Cabale fut calomniée ».

C'est surtout dans une série d'articles intitulés *Mystagogiques*, que M. Paul Vulliaud expose plus ouvertement son système (Voir cahiers XXXIII, XXXIV, XXXV, XXXVI.

s'agit de communiquer pour initier à la véritable sagesse, à la Gnose, et préparer l'avènement du vrai catholicisme, de la religion vraiment universelle.

Voici qui est souverainement digne d'attention. Dans le cahier XL, M. Pierre de Cresinoy fit des discours de Marc Sangnier, qui venaient d'être publiés en volume, un éloge plein de flatteries outrées, adressées à l'auteur. Il faut rapprocher ce cahier de celui du 25 mai 1909 où se trouve le compte rendu du congrès du *Sillon.* De son côté, l'*Eveil démocratique* du 13 juin 1909, répondant aux compliments de Paul Vuillaud, nous apprend que la revue *Les Entretiens idéalistes* est l'organe d'un groupe de *Frères* dits *Rosicruciens de la rosace* (1). Jamais la revue de Vuillaud n'avait laissé échapper cet aveu. On savait donc au *Sillon* ce que les lecteurs et abonnés des *Entretiens idéalistes* ignorent, s'ils ne sont pas affiliés.

Que l'on veuille bien comparer maintenant une brochure de Maurice Boué de Villiers intitulée *Les secrets de la Rose-Croix* et faisant partie de la *Bibliothèque des Entretiens idéalistes*, qu'on compare cette brochure avec le livre de Marc Sangnier *La Vie profonde;* c'est le même état d'âme; le même idéalisme morbide, le même érotisme macabre. Qu'on rapproche les poésies si fréquemment publiées dans les *Entretiens* des théories du *Sillon* sur la chasteté, sur l'amour, il y a identité de fond et de forme, et l'on se dira que les *Eveils et visions* de la *Vie profonde* qui avaient paru seulement l'œuvre d'un esprit malade et d'une imagination déréglée, deviennent l'indice d'une initiation au moins partielle à d'abominables mystères.

C'est par le caractère idéaliste de la démocratie du *Sillon* que se rejoignent les sillonnistes et les rosicru-

____

1. A rapprocher ce nom de celui de Rose-croix.

ciens. Les gnostiques voient dans l'aspiration aussi ardente que vague des silonnistes vers le « progrès par la démocratie », un courant favorable à leurs idées d'ascension vers la Science ou la Gnose. Les silonnistes subissent l'influence des théosophes et des gnostiques, quand ils rêvent d'une ascension de la démocratie vers un idéal de vertu qui la rendra vraiment capable de se gouverner elle-même.

Il suffit de lire le numéro de janvier-février 1910 du *Réveil gnostique* pour se rendre compte jusqu'à quel point ces hérétiques attendent et prédisent un nouvel âge d'or. Ce sont ces folles espérances semées dans le peuple par les mille organes des sectes qui expliquent comment les meneurs socialistes peuvent impunément promettre des réformes évidemment chimériques. La foule croit vaguement à un nouvel ordre de choses quasi-messianique et voit dans le progrès démocratique l'aurore du bonheur paradisiaque retrouvé (1).

---

1. D'après ces hérétiques, l'histoire de l'humanité comprend neuf époques, à travers lesquelles la matière inanimée s'élève sous l'action de la « matière astrale » jusqu'à la divinité.

La première époque est celle du Brahmanisme, la seconde celle de la religion des Egyptiens, la troisième est l'époque chrétienne, la quatrième l'époque révolutionnaire (nous y sommes), la cinquième sera celle de la république universelle; les époques six, sept et huit marqueront dans l'histoire de l'humanité des époques tellement supérieures à ce que nous pouvons concevoir, qu'elles ne peuvent actuellement être définies; enfin la neuvième époque sera celle de la nature divinisée.

Voilà le rêve fantastique qui est au fond de toutes ces déclamations sur le Progrès et sur l'ascension de l'humanité. Voilà à quel mirage se laisse prendre plus ou moins inconsciemment le *Sillon*.

Quand Marc Sangnier proclame que la démocratie est l'aboutissement nécessaire du christianisme, qu'elle doit élever l'humanité à une « organisation sociale qui tend » à porter au maximum la conscience et la responsabilité

A l'heure où nous écrivons, le *Sillon* annonce qu'il vient de se réorganiser. Il reste ce qu'il était, moins une organisation qu'un esprit. Et l'on voit quel esprit !

Quel puissant levier sur la société chrétienne Satan tient en ses mains par toutes les sociétés que nous venons de signaler !

Il *nous reste à parler des spirites.*

» civique de chacun », ces paroles n'auraient qu'une signification chimérique et déclamatoire si elles ne répondaient à un état d'esprit depuis longtemps créé et entretenu chez ses auditeurs comme en lui-même. Or cet état d'esprit, c'est la Franc-Maçonnerie kabbalistique et théosophique qui l'a créé et c'est à elle et non pas au christianisme qu'il profite.

La démocratie n'est pas pour eux une forme de gouvernement, c'est un degré de l'échelle mystérieuse par laquelle l'humanité s'élève vers l'infini. La République universelle que ce progrès prépare sera autant supérieure à la chrétienté du moyen-âge que celle-ci le fut au brahmanisme et au monde païen. Elle sera faite de la fusion de toutes les Eglises, de l'abolition de toutes les patries, de la suppression de la propriété privée et de la destruction de la famille. Voilà l'idéal démocratique plus ou moins nettement entrevu, mais salué de loin avec un enthousiasme égal par les gnostiques et les sillonnistes, disons mieux, par tous les démocrates modernes de toutes les écoles et de toutes les dénominations.

CHAPITRE LI

SATAN. SES CONSTRUCTIONS ACTUELLES

II. — LE SPIRITISME

Satan a donc de nos jours une église occulte avec
ses fidèles, ses cérémonies, sa liturgie, opposée à
la sainte Eglise, aux fidèles du Christ, à la liturgie
romaine, à la religion du Fils de Dieu fait Homme.
C'est là un fait indiscutable; Satan exerce un empire
redoutable sur une masse de perdition.

La majeure partie de cette masse est formée par
les spirites. Eux aussi appartiennent à la Gnose par
ses principaux dogmes.

Le spiritisme n'est pas d'hier : ses pratiques rem-
plissent tous les temps, tous les lieux, mais surtout
les temps et les lieux païens. Cicéron (1) nous apprend que son ami Appius faisait des *consultations
des morts* sa pratique habituelle, et que, dans le
voisinage d'Arpinum, était le lac Averne, d'où l'on
faisait « surgir du sein des ténèbres les ombres des
morts encore tout ensanglantées. » Il y avait partout
des *Oracles des morts.* On les évoquait sur les bords
du fleuve Achéron en Thesprotie, à Phigalée en Arca-

____

1. *Tusculanes*, I, 16.

die, au cap Ténare, à Héraclée dans le Pont, à Cumes. Ce n'est point seulement la populace qui ajoutait foi. à ces pratiques. Périandre, l'un des sept sages, envoie consulter l'âme de sa femme qu'il a fait égorger (1). Pausanias évoque lui-même l'âme d'une jeune fille qu'il a tuée (2); les magistrats de Sparte font évoquer par des nécromanciens de Thessalie l'âme de ce même Pausanias (3); Libo Drusus est mis à mort par Tibère pour avoir commis un crime de lèse-majesté pendant qu'il se livrait à la nécromancie; le grammairien Apion évoque l'ombre d'Homère pour l'interroger sur sa patrie et ses parents (4).

Ces mêmes évocations furent pratiquées au moyen âge par les sorciers et les mages (5). Elles ont pris de nos jours une fréquence, des accroissements, et une importance qui autorisent les plus inquiétantes prévisions.

Le spiritisme peut donc se définir un système de relations extra-naturelles des hommes avec les purs esprits. Le spiritisme possède et emploie les moyens de franchir, à volonté, dit-il, la barrière qui sépare notre règne humain de celui des purs esprits, et c'est la coordination plus ou moins heureuse de ces moyens qui constitue tout système de spiritisme.

Assurément, les cas de tromperie ou d'erreur sont fréquents, mais les faits bien caractérisés comme extra-naturels sont si nombreux qu'ils ne peuvent se compter et ont été si parfaitement observés que le doute à leur égard n'est point possible.

---

1. *Hérodote*, V, 92.
2. Plutarque, *Vie de Cimon.*
3. Plutarque, *Des délais de la justice divine.*
4. Pline l'Ancien, XXX, 6.
5. Nous n'avons pas à faire remarquer que les démons ne sont pas les maîtres des âmes, et que, pour répondre aux évocations qui leur sont adressées, ils n'ont, eux, qu'à se présenter en personne sous des noms supposés.

On cherche à les revêtir d'une apparence scientifique, ou à les rejeter en bloc dans le domaine de la prestidigitation. Assurément il y a des fraudes. Mais, dit le Dr Grasset, il est faux de conclure que tous les médiums fraudent et qu'un médium convaincu de fraude en certains cas fraude nécessairement dans tous les cas.

D'autre part, les phénomènes spirites ne peuvent pas être reproduits à volonté, ce qui ne permet pas de les classer dans le domaine de la science. On ne peut leur appliquer les procédés habituels et rigoureux du contrôle scientifique. D'abord, il faut un médium (1). De plus quand on a le médium, l'expérience ne réussit pas toujours, il y a un mystère dans le déterminisme qui multiplie les échecs. « Les phénomènes sont rebelles à la discipline », dit Maxwel. « Dans des conditions identiques, dit Charles Richet, cette incertitude des résultats jette l'incertitude sur la science même. » Cela met entre les faits physiques et les faits spirites, un critérium de distinction tout à fait infaillible. Les premiers sont produits par la nature seule ou par l'intervention de l'homme qui lui commande en lui obéissant, c'est-à-dire qui obtient ses manifestations par des procédés imités de son action même. Il étudie la vapeur, l'électricité et il les met en œuvre pour sa locomotion ou pour ses messages, en observant strictement leurs habitudes et en canalisant leur cours naturel. Voilà la physique.

Mais si en touchant simplement une table, si même

---

1. Medium, être, homme-milieu. On appelle ainsi la personne, homme ou femme qui, dans le spiritisme, est l'intermédiaire entre le monde terrestre et le monde des esprits et sert à leurs manifestations. On appelle medium à matérialisations, celui qui obtient des manifestations corporelles.

en concevant intérieurement un désir, j'obtiens la présence et la conversation d'un être intelligent et libre et de plus invisible qui devine mon désir et ma pensée, je vois très clairement que j'ai affaire à un pur esprit (1).

M. Jeanniard du Dot raconte qu'en 1849, les cinq évêques d'une province réunis pour traiter différents

---

1. M. Jacques Brieu, le critique occultiste bien connu du Mercure de France, distingue entre les phénomènes d'ordre purement psychique et d'ordre spirite. Son point de départ est le fait, son but est le fait, son criterium de certitude est le fait. Les faits demeurent tandis que s'effondrent les théories les plus ingénieuses, les systèmes les plus savants.

Ces faits sont-ils 1° Certains? Oui, s'ils sont *existants pour tous*, savants et ignorants.

2° Hétéronomiques? Oui, s'ils sont autre chose qu'un jeu de l'imagination, une idée subjective, un rêve, une opinion.

3° Observables? Oui, s'ils tombent sous nos sens et peuvent être saisis par nos instruments.

5° Irréductibles? Oui, s'ils ne se réduisent pas à d'autres plus simples ressortissant d'une science déjà existante ou ne sont pas des inductions tirées des faits.

« Les sciences psychiques et le spiritisme proprement dit ressortent-ils des sciences avec lesquelles ils présentent le plus de points de contact, la physiologie et la psychologie? Non, car la physiologie et la psychologie ont seulement pour objet d'études les facultés de l'esprit et les fonctions du corps à l'état normal; tandis que les phénomènes qu'étudient le spiritisme et les sciences psychiques sont anormaux, exigent la présence d'un être *anormal*, un *medium*. '

» La production des phénomènes spirites semble nécessiter l'intervention de *forces* ou *d'êtres intelligents* normaux.

» Il sera souvent difficile de discerner si un fait appartient au spiritisme ou aux sciences psychologiques, mais n'en est-il pas de même pour un grand nombre de faits? qui déterminera exactement par exemple, la limite émanant des faits psychologiques et des faits physiologiques?

» La distinction des phénomènes psychiques et des faits physiologiques est possible et même légitime, s'il y a un *fait caractéristique* qui permette de les différencier, si l'intervention de *forces ou d'êtres étrangers* au monde physique est un fait indestructible, le phénomène est d'ordre spirite, il vient de forces ou d'êtres intelligents inconnus ».

points de doctrine ou de droit ecclésiastique voulurent se rendre compte, par eux-mêmes, du phénomène des tables tournantes. Quand ils virent la table tourner, ils y placèrent un chapelet et un bréviaire. La table renversa ces objets avec fureur; puis elle poussa jusqu'à la porte l'évêque du lieu.

La pensée de Satan paraît bien. être de se manifester de nos jours plus qu'il ne l'a fait à aucune époque du christianisme; mais sa tactique est de s'abriter derrière la science. Mille savants, mathématiciens, physiciens, chimistes, etc., sont entrés dans le domaine de l'occulte avec la pensée de le soumettre à leurs expériences et de saisir ses lois. Cette espérance que Satan a fait naître rentre bien dans son dessein qui est, comme nous le verrons dans la dernière partie de cet ouvrage, de ramener l'homme dans l'ordre purement naturel et de l'y enfermer tout en le dominant.

C'est en Amérique, en l'année 1847, que, par la permission de Dieu et par des motifs de sagesse infinie qu'il ne nous est point donné de pénétrer, le prince des ténèbres recommença de nos jours cette longue série de manifestations, qui devaient s'étendre au monde entier et dont le dernier mot est loin d'être dit.

La famille Fox, installée dans une maison de Hyderville, petit village de l'Etat de New-York, reçut en mars la visite d'un *esprit* qui fit retentir la maison de coups mystérieux. Etonnés d'abord et même terrifiés, les habitants de la maison hantée se laissèrent bientôt aller à la curiosité et interrogèrent. Aux claquements des doigts des jeunes filles répondirent des claquements de doigts. Un premier moyen de communication était établi avec le frappeur qui, par là, se révélait comme un être intelligent.

La famille Fox se transporte à Rochester ; l'esprit la suit et conquiert dans cette ville un champ d'opérations plus vaste, un plus grand nombre de témoins qui deviennent bientôt des apôtres ; car il suit chez eux ceux à qui il s'est manifesté une première fois, et il multiplie ainsi les théâtres de ses manifestations. Nous n'avons point à dire ici les différentes formes que prennent ces manifestations, ni les différents moyens de communication et de conversation que les esprits ont suggérés successivement à ceux qui se mettaient en communication avec eux ; nous voulons seulement suivre le spiritisme dans son extension.

En 1853, c'est-à-dire six ans après les débuts, cinq cent mille personnes étaient en Amérique en correspondance suivie avec « les âmes des morts », et en rapports entre elles par douze revues ou journaux.

Il y a quelques années, d'après le calcul de M. Babinet, il y avait, rien qu'en Amérique, soixante mille médiums. En 1855, Emma Harding-Button estimait à 12 millions le nombre des adeptes dans la seule Amérique. Un peu plus tard, le juge Edmunds, sénateur et président de la Cour de l'Etat de New-York, accusait trois millions de nouveaux adhérents. Combien sont-ils aujourd'hui ? Il n'était pas exagéré de porter, dès 1870, le nombre des spirites du globe à une vingtaine de millions.

« Ce qui a fait l'extraordinaire vogue du spiritisme, observe Jules Bois (1), c'est sa thaumaturgie à proximité, populaire. Tout devient simple. Dieu pour tous à la dose de chacun : Dieu démocrate ! »

Les spirites ont des Congrès internationaux : Ils eurent lieu à Bruxelles en 1884, à Barcelone en 1886,

____

1. *Le monde invisible*, 307.

à Paris en 1889. En 1889, centenaire de la Révolution, le Congrès s'est réuni au Grand-Orient : nouvelle preuve des rapports secrets qui existent entre la franc-maçonnerie, les Juifs talmudiques et Satan. Le Congrès du centenaire comptait cinq cents membres.

Au Congrès de 1900, furent invités, par un abbé Julio, « tous les catholiques des deux mondes, prêtres et laïques, qui ne peuvent rester étrangers au renouvellement scientifique qui entraîne l'humanité vers la fin glorieuse que lui a montrée le divin Maître (1). »

« Le Congrès, dit M. Durville, a tenu ses assises à l'hôtel des Agriculteurs de France, au milieu d'une affluence considérable de magnétiseurs, de spirites, d'hermétiques, de théosophes et de spiritualistes indépendants, venus ici en qualité de délégués de sociétés ou de groupes de toutes les parties du monde, dont ils étaient les représentants... Les spirites ont exposé les grandes lignes de leur religion dans ce Congrès international, dont ils avaient pris l'initiative et qu'ils ont su mener à bonne fin. »

M. Denis, qui avait déjà présidé le Congrès de 1889, fut de nouveau chargé de présider celui de 1900. En prenant le fauteuil, M. Denis dit : « Au Congrès de 1889, le spiritisme voyait encore devant lui de nombreux obstacles, la marche était hésitante. Aujourd'hui, le nombre des adeptes s'est multiplié, le public et la presse sont curieux. Nous avons des adeptes dans le monde de la science et dans les rangs les plus élevés de la société... Les puissances occultes sont à l'œuvre, elles soutiennent l'action des hommes... Après la période de diffusion, doit venir la période d'organisation... L'heure présente, l'heure à la-

---

1. *Revue du Monde invisible*, septembre 1899.

quelle nous sommes, est une heure pleine d'espérances et de promesses; les masses sont agitées par le sourd travail de la pensée; les intelligences et les consciences sont à la recherche d'un idéal nouveau... Le spiritisme est un germe puissant qui se développera et qui amènera une transformation des lois, des idées, des forces sociales... Le spiritisme doit contribuer à transformer la science.. Il amènera une transformation des religions... Il en sera de même de l'enseignement... Il influera puissamment sur l'économie sociale et la vie publique... Le spiritisme ne peut plus être arrêté dans sa marche : il a pénétré dans l'esprit et dans le cœur de millions d'hommes. » (P. 32 et 42).

Ces derniers mots n'étaient point une forfanterie.

Dans le *Problème de l'heure présente* nous avons donné de nombreux renseignements sur le nombre des spirites, leurs organes de publicité, leur propagande, en France et dans tous les pays du monde. Notre intention n'est point d'y revenir ici, d'ailleurs les chiffres donnés alors ne seraient plus exacts, ils grossissent de jour en jour, et nous ne connaissons point d'ouvrage qui tienne à jour les progrès de la secte. Nous nous contenterons de quelques observations.

La terre est donc couverte de spirites. On les trouve partout sur tous les continents, ils pénètrent dans tous les milieux et prêtent leur concours à toutes les œuvres de satan. La Gnose s'est recrutée dans leurs rangs, parmi les spirites intelligents, lettrés, appartenant aux fonctions libérales ou au grand monde (1).

------

1. M. Gaston Mery, fondateur de l'*Echo du merveilleux*, a publié, le 10 septembre 1907, dans la *Libre Parole*, un article où il dit que comme au temps de Cagliostro, l'aristocratie interroge les esprits. Elle se sert pour cela dans ses

Pour la propagation de leurs doctrines, les spirites comptent surtout sur les femmes. Dans le rapport qu'il lut à la séance générale de clôture du congrès international de 1900, séance qui avait réuni toutes les écoles spirites, le Dr Papus dit : « C'est aux femmes que nous devons le succès de nos congrès, et c'est justement qu'on dit que celui qui a les femmes pour lui est sûr de la victoire. Ce sont elles qui, entre les sessions, préparent les réussites par leur incessant apostolat. Ce sont elles qui, abeilles infatigables, vont partout butiner le miel de la vérité. Sachons ne pas être ingrats, en ce jour de joie, et rendons à la femme justice pour le succès de l'idée spiritualiste à travers toutes les classes sociales. » Ces pauvres femmes sont attirées dans le spiritisme par leur cœur, par le désir de rentrer en communication avec les êtres qu'elles ont aimés, leurs enfants, leur mari. Une fois séduites par les illusions que Satan leur donne, elles se font ses apôtres.

Ce que se proposent les chefs du mouvement spirite c'est donc de faire passer la direction religieuse de l'humanité, du magistère de l'Eglise aux Esprits devenus nos familiers et nos guides; et ceux-ci préparent les voies au règne universel de leur Maître, Lucifer. Avec les curieux, avec les imprudents, avec les amateurs de nouveautés, ils arrivent à grouper des disciples venus de toutes les religions et de toutes

---

salons du *Ouija*, planchette en bois verni sur laquelle sont inscrites les lettres de l'Alphabet. Un petit appareil, en forme de soucoupe retournée, munie d'une flèche indicatrice est placée sur cette planchette. « Je connais des salons, dit-il, ou périodiquement on donne des séances de spiritisme. Des dames lisent les sermons du diable à leurs invités, et même les réunissent en volumes. Il n'y a pas à Paris moins de trois ou quatre librairies spéciales, où les gens du monde et même les autres, peuvent s'approvisionner de cette littérature d'outre-tombe, vendue à tous les prix, dans un but évident de propagande. »

les contrées du monde. Ils forment ainsi une nouvelle Eglise à laquelle ils donnent un culte nouveau, une religion nouvelle.

« Par le spiritisme, a dit au Congrès de 1900 le pasteur Beversluis, le christianisme sera consommé (arrivera à sa perfection), mais non le christianisme des églises, des dogmes et des rites... Alors point de prêtres, point de contrainte de conscience ! Alors point de zélateurs aveugles; point d'adoration de l'autorité d'un livre; point de confessionnalisme; point de système dogmatique; point d'infaillibilité d'un homme ou d'un livre. Alors point de peur pour un Dieu cruel, point de médiation de saints entre Dieu et l'homme. » Le pasteur appelle cela un christianisme purifié et simplifié.

Le programme de cette nouvelle religion comprend deux parties : l'œuvre de destruction et l'œuvre d'édification. 1o Destruction de l'Eglise catholique et anéantissement de la foi en Jésus-Christ; — Révolution sociale par l'anarchie qui soulèvera les prolétaires contre les classes supérieures; — Renversement des idoles, c'est-à-dire des faux dieux (les trois Personnes de la Très Sainte Trinité), des rois et de toute aristocratie, noblesse, clergé, propriétaires. 2o Edification d'un culte fondé sur la *Vérité* et la *Raison*, auquel sera donné le nom de christianisme (christian-science).

L'association spirite, appelée christian-science, a été fondée à Boston, en 1879, par Mistress Eddy, qui, pour cette raison, est appelée la mère de christian-science (1). D'Amérique elle s'est répandue partout. Tren-

---

1. En décembre 1907, l'agence Reuter de Concord (New Hampshire N. S. .A) publia une dépêche annonçant que Miss Eddy avait reçu du gouvernement français le brevet d'officier d'académie.

te-trois ans après sa fondation, elle comptait six cent mille scientistes. Ils ont un temple à Paris, rue Pasquier. Leur église métropolitaine pour l'Europe est à Londres. Ils établissent partout des églises ou du moins des locaux de services religieux. L'almanach de New-York World's pour 1897 indiquait 123 églises et 131 locaux de service. L'année suivante, le *Christian-Science-Journal* comptait 250 églises et 127 locaux de services. Ainsi, en un an, 123 nouvelles églises s'étaient élevées. En 1905 la Christian-Science comptait 908 églises ou sociétés aux Etats-Unis, au Canada, au Mexique, aux Philippines, en France, en Angleterre, en Norwège, en Suisse, en Italie, aux Indes, en Chine et ailleurs. L'église-mère est à Boston et compte 34.000 membres. La mère de scientisme compte que, « dans moins de cinquante ans, la christian-science sera la foi religieuse dominante dans le monde. »

Le nom de chrétienne donné à une secte qui se propose, premièrement, de détruire la religion de Notre-Seigneur Jésus-Christ, paraît assez étonnant; mais les explications font entendre que le Christ de la christian-science n'est autre que « l'universel esprit » ou « le grand agent magique », en d'autres termes, Lucifer. La christian-science est donc proprement la *religion de Satan*, à laquelle doivent faire aboutir toutes les évocations spirites.

Le Dr Gibar, dans son livre *Les Choses de l'autre Monde*, rapporte que, dans une séance chez M. Nus, la table dit : « La religion nouvelle transformera les voûtes du vieux monde catholique déjà ébranlées par les coups du protestantisme, de la philosophie et de la science. » Cette transformation, c'est la substitution du règne de Satan, au règne de Notre-Seigneur Jésus-Christ.

C'est là que vient aboutir l'immense travail de dissolution religieuse dont ce livre expose les multiples agents.

« Le travail qui s'accomplit, dit un autre spirite, est le prélude d'une rénovation philosophique et morale qui embrassera le globe entier. »

Aussi, comme l'a constaté Mgr Méric, les esprits évoqués font les plus grands efforts pour donner aux spirites du monde entier ce mot de ralliement : Haine à l'Eglise catholique, à l'éternelle ennemie qu'il faut détruire. Satan imprime par là, sur ceux qui se font siens, son caractère, le caractère de la Bête, comme dit l'apôtre saint Jean. Quand on lit les revues et les ouvrages des chefs du mouvement spirite, on est frappé de l'extrême violence des sentiments de colère et de haine qu'ils manifestent contre le dogme catholique et contre l'Eglise, contre le clergé et contre la papauté. Ils cherchent à entraîner leurs disciples dans une campagne violente contre le catholicisme. Ils ne cessent de dire : Le catholicisme est fini! Le catholicisme est mort! Ils ne se contentent plus de propager les idées qui leur sont inculquées par les démons, ils veulent anéantir le catholicisme et lui substituer le spiritisme dans la conscience humaine et dans la société; en un mot, fonder une religion nouvelle.

L'un des médiums les plus en vue à raison de sa situation sociale et de la culture de son esprit, la princesse Marie Karadja, fille d'un sénateur suédois, a publié deux livres : *Phénomènes spirites et Vues spiritualistes*, puis *L'Evangile de l'espoir*. Elle y dit que le spiritisme doit remplacer les différents spiritualismes et *la religion* se substituer aux différentes religions. Elle exprime ainsi sa pensée :

« L'humanité est un immense bâtiment où chaque religion représente une fenêtre — grande ou petite — par laquelle pénètre le *même* soleil. Les hommes qui se trouvent dans ce bâtiment se répartissent auprès des différentes fenêtres et se querellent entre eux, prétendant que l'une donne plus de lumière que l'autre, et chacun affirme que la *vraie* lumière ne saurait entrer qu'à la fenêtre où il se trouve lui-même.

» C'est la mission du spiritisme d'abattre toute la muraille qui sépare les différentes fenêtres. »

Abattre toutes les murailles ! Que de fois nous avons entendu ce mot sortir de toutes les associations que Satan emploie à renverser l'Eglise de Jésus-Christ pour édifier son temple sur ses ruines.

Deux choses sont à faire, dit l'esprit qui révéla à Allan Kardec la mission qu'il lui donnait : démolir et bâtir. Que de démolisseurs nous avons vus à l'œuvre au cours de cette étude ! Qu'ils s'entendent ou ne s'entendent pas, des différents points du chantier de démolition où chacun se trouve placé, ils obéissent à un même maître.

Un général, qui signe A, publiait, il y a quelques années, dans la *Revue scientifique et morale du Spiritisme*, une communication reproduite dans la *Revue du Monde invisible* (n° de mai 1902). Il était dit que « les esprits évoqués sont les architectes de l'édifice de l'avenir et qu'ils laissent aux manœuvres le soin d'en établir les grossières fondations. »

Ces manœuvres, ce sont tous ceux que nous avons vus à l'œuvre au cours de cette étude, juifs et francs-maçons, et aussi, il faut bien le dire, ces chrétiens et ces catholiques modernistes qui travaillent à abattre les barrières dogmatiques. Tous ceux qui font brèche à la foi catholique, qu'ils le veuillent ou ne le veuillent point, font partie de l'armée du mal, travaillant, sous les ordres de Satan, à rétablir son empire renversé par la Croix et fonder son Temple, son Eglise qu'il prétend bien faire universelle, effectivement catholique.

Satan triomphera-t-il? Parviendra-t-il à se faire élever des temples sur tous les points de l'univers et à s'y faire adorer par tous les hommes?

Les Juifs verront-ils bientôt le Messie temporel qu'ils appellent de leurs vœux depuis deux à trois mille ans, se rendre enfin à leurs prières et leur donner l'empire sur tout le genre humain?

Les Francs-maçons parviendront-ils à faire passer le niveau égalitaire sur toutes les têtes et sur toutes les consciences et pourront-ils réaliser leur rêve de paix universelle par la suppression de tous les dogmes qui mettent des frontières dans le monde des âmes et la dénaturation de toutes les nationalités qui en établissent d'autres entre les intérêts temporels?

Voilà la question qui se pose au point de notre étude où nous sommes parvenu. Il n'est assurément pas de problème d'un plus poignant intérêt. On peut ajouter qu'il n'en est pas de plus troublant pour qui considère ce qui est déjà fait dans l'ordre des idées et même dans l'ordre des faits.

Il devient angoissant lorsque l'esprit s'élève à contempler la marche du monde à l'époque où nous sommes et la vitesse accélérée que prennent les événements.

La réponse ne peut être donnée avec certitude. Elle dépend des conseils de la sagesse divine et aussi des démarches de la liberté humaine, choses qui nous sont inconnues, qu'on peut à peine soupçonner.

Cependant, il est possible de conjecturer. Mais pour le faire congrûment et avec espoir d'atteindre une solution plausible, il est nécessaire de prendre les choses, nous ne dirons pas d'un peu haut, mais de très haut.

Notre étude sur l'antagonisme entre la civilisation chrétienne et la civilisation moderne, nous a amené à dire que le démon y joue un rôle. Nous avons vu les sociétés secrètes se multiplier, enrôler d'innombrables adeptes et aboutir toutes à des rapports avec lui.

Nous avons vu les sociétés plus occultes dominer et diriger la Franc-Maçonnerie, et la Franc-Maçonnerie gouverner les Etats et donner l'impulsion à tout le mouvement moderniste.

Satan est donc le premier moteur de la civilisation moderne, en tant qu'elle est opposée à la civilisation chrétienne.

Pourquoi et comment a-t-il pris ce rôle? Que se propose-t-il? C'est la réponse à cette double question qui nous permettra de conjecturer quelle peut être l'issue de la situation actuelle, situation telle qu'elle fait dire avec raison : Le monde ne peut rester en cet état.